시간의 강 위에 핀 꽃

시간의 강 위에 핀 꽃

송경숙 시집

신아출판사

시인의 말

시가 무엇인지도 몰랐습니다.
어린 시절, 학교 뒷동산에서
선생님 숙제로 시란 걸 썼던 기억뿐입니다.

그로부터 50여 년이 흘러
아기가 걸음마를 배우듯
한 글자 한 글자 더듬으며 시를 배웠습니다.

부끄럽지만,
그렇게 쓰고 경청하며 쌓아 올린 시간들을 모아
첫 시집을 내어 봅니다
사랑, 기쁨, 행복한 날 되기를 바라며

2025년 초가을 날
송경숙

차례

시인의 말

제1부

작은 소망의 여백

능소화

한 떨기 덩굴 식물
험난한 시공時空을 건너가는
아프게 몸 비틀기

은핫물 고이던 밤을 지나
고요와 적막이 막 여명을 틀 때
저 무성의 떼창
참았던 한꺼번의 울음일레라

아니, 하늘 향하는
일제히 함성일레라
시대의 담장을 넘고, 죽은 고목도
더듬어 올라
모든 난관을 극복 하였네
어둠을 뚫고, 그대 장엄한 진군進軍

고난의 몸짓은 허공에 스러지지만
천 리를 번져가는
소리의 빛깔, 황금빛 소란

이웃을 불러 모을 때마다
골목골목 어린이 합창대도 좋고

한나절 동네 아낙네 수다도 좋고
사람 사는 목소리
황금빛 여울, 여기에 번지나니

민들레 홀씨 되어

그날
맑은 눈물이 땅에 떨어지고
짓밟히며 한 생을 곱게 지새운 뒤
은빛 날개로 갈아입고
작은 소망의 씨앗이 되어 날아가 본다

신음까지 잠재운 고요
이름 모를 철모 하나 뒹굴고
총성은 멎었으나

이념의 강은 아직 어둡다
곧 날이 밝아질까

기약 없이 가로 막힌 길
바람의 흔적마저 사라진 곳

덩굴나무처럼 기어 올라가
하늘가 날아가 보면
이념의 강가에 닿아
작은 소망의 여백이 채워질까

안개

형상 없이 형용하는
긴 밤을 건너온 영혼이랄까
육신과 영혼의 간극
머물음과 소멸이 교차하는 지점에서
무슨 간절한 그리움 같은 것

이승을 한바탕 누리다 가는 여릿한 몸짓
온갖 바람이 멈춰선 헛소문의 광장에
너는 아직도 빛바랜 방황이야
흔적없는 흔적으로 까마득한 기억의 잔재
다 떨치지 못한 인연으로
안타까워라, 현실의 여명을 가로막는
너는 모순의 그림자

은밀하였어라
이루려다가 무너져버렸던
첫사랑의 달콤함 같은 것
온 밤을 지새워 서늘하게 떠도는
너는 천지에 미만彌滿한 허망이어라

양귀비꽃

어찌하여 너는
이른 아침 햇살 속
홀로 피어 있니

황금 하프가 울릴 때
쑥스러워 고개 숙인
갓 시집 온 새색시 같구나

하늘 어둠이 내리면
어깨 들썩이며
바람 따라 울먹이듯
말 없는 침묵으로
내 마음을 흔들어 놓는 너

문밖에서 기다리는 그리움이
네 한숨에 젖는다

마파람이 잠든 밤
헤라의 젖가슴 위
그네 타는 신월 아래
난 소리 없이 너를 따라 걸으며

붉게 물든 얼굴과
푸른 치마가 사르르 흔들릴 때
초대 받은 것처럼
내 가슴 두근거린다

돌아오지 않는 강
— 무안 비행기 사고를 보고

초연硝煙의 밤이여
돌아 누워본다
아직 숨결이 느껴지는 체온

네 눈물이 물안개 되어
띄어 보내본다, 하늘위에

그림자를 잃어버린 꽃
아득한 꿈을 먹어 버린 나비

어제의 날이 회색 빛 되어
어스름한 기억
낡은 눈물 흘러 보내
징검다리 건너을까

가랑잎 젖듯 내 마음 속에만
들려오는 그들의 절규

무성한 사랑의 모습이
흐릿한 달빛에 소리 없이
눈물짓는 군아

부평초

서러워도 내려놓지 못한 너
비바람이 옷깃만 스쳐도
가슴 아려오고

한 올 한 올 풀어지는 구름에
네 마음 흩어져 있다

연탄재 옷을 입고
수줍은 속살을 보이는 잉걸불
불화살을 뚫고
몸부림치며
탄생의 문을 연다

토네이도 속에서도
햇발처럼 빛나는 그리움

제비고깔 같은 운명을 안고
삶을 견뎌낸 도구들
눈이 시립도록 그립다

울 엄마

찔레가시가 된 자식
왜 그리 그리울까
흘러가는 세월
돌담길 뒤돌아 돌아보네

황혼녘 싸릿 문에서
우리를 기다리시며
하얀 눈물 주루룩
뜰 안 고야나무*는 알랑가

눈이 시리도록
문 빗살 구멍으로 내다보며
이 밤이 새면 하마 오겠지

꿈속에서도 내려놓지 못한 삶
"봄날은 간다" 노래로 마음 달래니
앞산 뻐꾸기도 장단 맞춰
뻐꾹 뻐꾹 뻐뻐꾹
가시나무 새 되어 버렸네

* 토종자두나무

여행

화려한 탈출
옷깃을 스치는
너와 나의 만남의 인연

프리뮬러 같이
붉은 노랑 분홍 파랑
너에 색깔이 보이네

슬픔도 기쁨도 떠나면 보이네
그리움아, 기다려라

햇살도 천둥번개도
세찬 비바람까지 만나보면

네 모습 속에 잠시 머물다
내 마음 속에 지워지지 않는 것
기억나지 않는 것까지

모두 지워버리게
지우개 너를 만나러 가보자

넌 지금 어디쯤 가고 있니
소슬 바람에 바스락 바스락 거리는
낙엽 위에 걸어가고 있네

닥나무 1

탁 타닥 아프다
살점이 떨어진다
실오리기 하나도 걸치지 못했네

알레그로 페로체처럼
빠르고 거칠게
살점이 밀려 나오네

조각조각 부서지는
하얀 속살

이어령 이어령 물살 가르면
아르페지오 층 거리 연주가
거미줄 타고 춤을 추네

햇빛에 그을려 새까맣게 되련만
윤슬처럼 빛나는 하얀 물결

아버지의 흰 도포 자락이 되었네

험난한 역경속에도
벗겨지고, 깎이고, 태워져
끝내 한 장의 빛나는 종이
네 영혼 흔적되리

닥나무 2

화려한 변신

숨결마다 색을 바꾸는
카멜레온처럼

오케스트라 연주자의
손끝을 따라
멋진 교향곡으로
변할 수 있을까

"당신을 맞이합니다"
그 꽃말처럼
모든 것을 안으며
살아갈 수 있을까

아무 말 없는
하얀 백지 한 장
너의 아픔이
글자 되어 스며든다

아티스트의 손길 아래
색을 입은 종이 한 장
아픔을 지닌 이들이여
피튜니아처럼
고요히, 곱게 피어나기를

너 왜 거기 서 있었니

시간의 멈춤
칠칠암야의 어둠

기도의 시간이 길었다
귀먹어리 삼년 벙어리 삼년
눈 뜬 장님 삼년 지나야지
빛이 어슴푸레 보이고
진동이 느껴지는 세월

따스한 바람 타고
일광욕을 즐기는 달팽이
은빛 길을 만들기 위해
청춘을 다 받쳐야 했지

해거름 노을빛 하늘도
날카로운 빗살도
나에겐 꿈같은 환희였어
둥그런 우주가 짓누르기 전 까진

찢겨진 상처
분노, 멸시, 외면

아스라지는 아픔 속에서
몸부림치듯 절규하는 나를 향해

거기, 너 왜 누워 있니

검은 양복을 입은 사람들이
나를 에워싸며
모차르트 레퀴엠을 부르고 있네

말들

자신의 내면을 볼 줄 모르는 당신

작으마한 몸짓으로
돌아다니며 말을 옮긴다

그 말로 인해 친한
친구와 이웃이
마음 상하고
병도 얻게 되었다

귀찮아서 손사래도 쳐보고
바람에 날려도 보지만
계속 졸졸 따라다니며
귓가에 대고 앵앵 울어 댄다

같이 살고 싶어서
바리게이트를 치지 않으면
쏜살같이 달려와
꼬집고
말로 쏘아 붙힌다

혈기 왕성하게 돌아다니며
말을 옮기며
남에게 상처주고
마음 상하게 하는 줄
모르는 당신

말에 품위를 잃어버려
처서라는 방망이로
얻어맞아 입이 비뚤어졌다

시와 자화상

아홉 살에 너를 보고
오래간만에 너랑 마주본다

잊고 살다가
너를 만나고
너에 향기에 흠뻑 빠져

보고 싶고 안아보고 싶은데
손에 잡히지 않아
내 마음은 허공에 일렁거려

내 마음이 일렁일 때
너는 발아를 하며
한 방울 물감이 파문을 일듯
어두운 곳이 환하게 물들었어

어디까지 퍼질거야

아마 넌
커피 잔에 빠진 커피처럼 녹아
영원히 지워지지 않고

세상 어두운 곳에
향기로 물들 걸

그럼 난
그곳에 있을께

구절초

손가락에 낀 꽃반지
반짝반짝 은빛이어라
임의 목소리
소곤소곤 들려오고
가을은 깊어 가는데
익은 과일인 양 내 볼은 붉어라

내장산 타고 내렸을까
카랑한 목청
그대, 하마 오시려나
꽃반지 끼워 주시던 그 임
옥정호 푸른 수면을
밀고 오는 하얀 물결처럼
구절초 꾸벅꾸벅 온 산을 덮어오네
저 아홉 번의 절개 눈부셔
남색은 은은히 안섶에 서리고
절박한 연민의 하얀 옥결

천 년 밤을 지나
서릿발 밟고
드디어 꽃무리 물드네

산은 산이 아니라
꽃들의 등불, 일제히 쏴─
이승에 넘치는 한바탕 천국일세

무인도

존재감도 없는
서럽게 태어난 자태
사랑도 관심도 없는 무관심
음소거 버튼처럼 오직 정적이네

억만 굽이 물결이 덮쳐 와도
앞만 보면서
세찬 파도에 할퀴고 헤어지고

찢겨진 청바지 같이 무릎 드러내고
제 몸 하나 건사도 못하는 자가

숙명이라 생각하며
자신의 몸을 다 내어준
감정의 무한 방출

바람도 하늘도 쉬어가라고
그루터기 빈 의자가 되어버린
무인도, 억만년의 고독

제2부

눈부신 설움

낡은 지게

고단함으로 아직도
헛간 모퉁이에 과거로 남아 있네
녹슨 세월의 뒤안
아버지의 헛기침 소리
여태 비스듬히 허공에 몸 기대네

천하게 사셨던 귀하신 당신
한 시대의 설화로
아버지의 눈빛 서리어 있고
아버지는 가셨어도
수많은 한숨, 홀로 군담 하시던 목소리
지게는 지금껏 받들고 있었네
힘겨워 허공 부려 놓은 채

세월이 바자울 틈으로 한껏
빠져나간 뒷켠을
무슨 서러움처럼 갈 빛 여울여울

지게는 우리가족의 일상을
항상 힘겹게 지고 있었고,
그리하여 비틀리고 구부정한 허리

지금은 허망한 손짓이네

아버지의 낡은 지게가
우리에게 눈부신 설움이네

붕어 섬

지난겨울 잔혹한 추위를 잊고
얼음 밑에서도 피어난
노랫소리 한 다발

갓 바우 덕 평나무 덕
아주매 사투리에
함박꽃과 수선화도
하하 호호 웃는다

장구치고 꽹과리 울리고
태평소 나팔 소리에 맞춰
벌 나비가 상모를 돌리고

윤슬위에 흐르는 가야금,
거금고 소리
백합향기로 퍼져나가고
붕어 섬이 출렁출렁 캉캉 춤추며

딱새 지휘에 맞춰
이팝나무 하늘하늘
신명나는 춤사위가 펼쳐지네

거미

깊은 밤 비단실로
그물을 편다, 야금야금

은빛 깃을 세우고
눈동자를 굴리며
살금살금 기어가
속삭인다

다 들어와라
고립 된 섬 속으로

고개를 들고 태양을 쏘아보듯
굵은 콘크리트 회벽이
둘러친 곳을 응시해 본다

한 마리 또 한 마리
우듬지를 꺾어 버리듯
포착하여 집어 삼키려 달려드는

피 비린 내 나는
붉은 독거미들

지친파도

둥그런 바다 위
돛단배 몇 척
통통, 가쁜한 고동소리가
크고 작게 울린다

바다는 작은 돛단배로
몸살을 앓아
포말을 일으키며
붉게 달아오른다

한쪽 바다는
숨죽인 듯 고요한데
몰려든 파도들
부끄러운 줄도 모르고
밤새 싸우다, 싸우다

여명 무렵
지친 파도는
하소연하며
천천히 아주 천천히
물러간다

6월, 너

후덥지근한 오후
반쯤 일그러져
민소매 틈에 감춰 두었던
너를 털어내야 할까

굽이굽이 넘어
너의 거친 머리에
린스를 바르니
장맛비가 되었고

겹겹이 걸쳐두었던 것들
하나둘 벗어 던지니
기억은 경련을 일으킨다
오래 묵은 습기처럼

다시 민소매 차림으로 돌아가야 하나
갇혀있던 마음이 신음 소리 할 때

별빛이 문을 열어주며
은하수처럼 흐르라 하네

말리꽃

내면에서 나온 사랑
흰 꽃이 물들어 박명같이
줄기 따라 맺히는
무명천 같은 운명

고이 접어둔 변색된 신문을 펴듯
삶을 펼쳐 보인다

갈 길이 두려웠지만
두 눈을 마주보며 가야 할 길

소중한 시간들을 함께 보내며
꺼져가는 촛불 다루듯이

새끼 입에 먹이를 주는 어미가
잃어버린 시간을 보이지 않는
전파처럼 아낌없이 보내는 신호들

그 신호를 믿으며
끈으로 이어온
모진 세월 침묵

같은 변주곡 안무에 맞춰
춤을 추는 꽃봉오리처럼 함께 걸어온 길

그 길이 칠십년 만에 보게 된
빛바랜 아버지 어머니
약혼 사진에 실린 삶이었다

방울토마토

토마토가 이사를 왔다

짐을 풀고 고단한지
곤히 잠들었다

꿈결에
바람이 살며시 스미고
작은 손짓에
숨결이 깨어난다

깨어난 토마토를
손자 다루듯 아끼며
달콤한 사탕도 주고
목마르다 하기에
이온음료도 건넸다

어느새 내 손등을 간지럽히며
한 손이 흔들리자
다른 손도 따라 펄럭이고

송알송알 맺힌 열매들이

파란 하늘을 머금고
햇살을 향해 손짓한다

나도 작은 루비처럼 빛나며
익어가고 싶다고
토마토가 속삭였다

공중전화

오늘이 내 생일이야
누군가의 축하를 기다리다
깜박 잠이 들었어
꿈속에서 혼자 흐느끼고 있었지

한 때는
나의 뜨거운 숨결을 느끼려
줄을 서서
사람들이 나를 찾아 왔었어

나의 외침도
절박함도
이젠 통하지 않아

친구들은 오래전에 떠났고
이젠 거리의 장식물처럼
박물관 골동품 곁에
나란히 서 있을 뿐이야

사람들 손엔 뭔가 들려 있어서
아무도 나에게 귀 기울이지 않았어

나는 여전히 여기 있는데
혼잣말만 메아리칠 뿐

오늘도 기다리고
또 기다렸어

농익은 내가
그 시절을 떠올리면서

광대

저 사랑 따라 한번 흘러가 봤으면

거친 파도가 와도 부서지지 않고
세찬 비바람에도 끄떡없겠지

바위처럼 단단하다가도
조금만 부딪쳐도 유리처럼 깨지며
작은 상처에도
물비늘처럼 떨림이 있어

눈먼 파도가 돼도 느낄 수 있고
까만 밤이 와도 느낄 수 있어

웃음을 삼키고
외줄 위를 비틀비틀 걸어가며
입이 있어도 말없이 살아가고

가까이 갈 수도
멀리 떠날 수도 있어
몇 굽이 넘어야 네가 있을까

부서져도, 피 흘려도
끝내 사라지지 않는 너
그 마음 하나 가지고
우주로 뒹굴어 간다

벚꽃

두근두근
보고 싶었습니다
그대는 날 못 본 체 했지만
짝사랑 했네요, 혼자서

수줍음에 얼굴 못 들고 저만치서
장승처럼 서있네요

사뿐히 내려앉은 새하얀 눈처럼
꽃비가 내 귀에 속삭이네요

두둥실 두둥실 나도 보고 싶었다고
연홍의 꽃송이가 하늘위에서
내게 손짓하네요, 사랑한다고

돌아갈 수 없다고

바람아
나를 부르지 마
대답을 못한 채
떨어지니까

가까이 오지도 마
이별은
언제나 아프니까

대나무 숲에 맑은바람
머물며 흔들릴 때

떠도는 구름조각
대나무 가지 사이로
조용히 스친다

정지선 없는 이별은
정말 아픔이었다고
뒤돌아 갈 수 없노라고

그래서 난 웃기로 했다
아픔은 혼자만의 것이 아니라고

바닷가에서

태풍에 버티지 못한 푸른 소나무
뿌리가 뽑히고 가지가 찢어져
땅바닥에 내동댕이쳐졌다

쓰러진 나무를 보면서
무심하게 나도 발끝으로 툭툭
멍에의 가지를 꺾었다

생명이 증발해 버린 해변의 오후
자아상실이 철썩거리는 해변
일으켜 세우는 이 없는 쓸쓸함

두 평 감옥에 갇힌 존재
광기를 잠재울 마법을 꿈꾸며
줄 인형처럼 명령에 움직이다
흡사 좀비가 되어
지하로 빨려 들어가고 있다

한 때는 푸른 소나무가 되어
광영을 바라보며 송화 가루를
날려 보냈던 시절도 있었지

누런 잎 벗겨진
등껍질 속에서도 스며 나온
송진의 끈끈함으로
새 움이 트기 시작한 자아가

상처 난 소나무에서
부드러운 웃음을 찾은
새 버팀목이 되어가고 있다

너를 기다리는 동안

난막 눈을 가진 가느다란 소리
그을림 없이 들어온다, 빼꼼히

살얼음 틈으로
불안하게 펄럭이는 침묵을
보이지 않는 기원 선으로
보내본다, 기다림을

자벌레가 기어가듯 천천히
번져 버린 물감처럼,
긴 여운이 스민다

오늘일까 내일일까
고개를 쏙 내밀어 본다
얼어붙은 날들 너머를

해 저문 시간

달팽이 빛바랜 뿔테 안경 너머로
조각 진 꿈길을 내다본다

보헤미안이 되고 싶어
날개인 듯 허공을 젓는
두 개의 뿔

나뭇가지에 걸쳐 있는
회색빛 하늘 그림자
책갈피 속 때 묻은 추억되어
조롱박이 거미 알 터지듯 흩어지고

하나는 땅에
하나는 하늘에 걸쳐

성글지 않은
아련한 산 빛으로
아주 여린 트레몰로를
조용히 연주 해보리

마음의 보석

모래알 부서지듯
내 마음,
사나운 광풍 흔들린다

말 한 마디
돌 위에 돌이
섬광으로 변해
보석이 산산이 부서진다

주루루 흘리는 푸른 피
날아오는 화살촉이 깊숙이 박힌다

새벽안개처럼 사라진 마음
먹구름 되어 다가오고
하루살이 같은 회색빛을

전당포에 맡겨 볼까, 내 마음을

제3부

더욱 깊이
사랑하려 합니다

탱자꽃

하늘을 퍼나르는 하얀 몸짓
천년 세월 흘러도 변함없는 도도함

달빛 소나타 아르페지오 그네를 타며
은하의 선율 되어 알알이 떨어진다

훔쳐간 소슬 바람소리
이른 새벽 해말간 황금 향기
잎맥 사이 수놓고 간 붉은 계시록

향기로 나릿하게 부르는 날
눈 마중 하며 붉게 물든 면류관
순돌 바람에 승화 되려나

굳이 그렇게 하지 않아도

어서 오세요 하지 않아도
어서 가세요 하지 않아도
오고 싶은 것을

사랑해요 하지 않아도
보고 싶어요 하지 않아도
사랑 하고 보고 싶은 것을

기쁨을 감추지 않아도
슬픔을 감추지 않아도
기뻐하고 슬퍼하는 것을

미안해요. 미안해요
하지 안 해도 알 수 있는

아~ 세상은 굳이, 그렇게
하지 않아도 되는 걸

나를 버릴 수 없는 길목에서

등에 맨 십자가를 지고
나를 잘라 낼 길 없어
확인하며 걸어간다

여명이 비치면 거미줄에 걸친
어두운 조각들이 사라진다
가지마,

손을 뻗으며 간절했으나
사라진 조각들은
좀처럼 잡히지 않아

미련의 덫에 걸려
시간 속에 가두어 맞지 않는
옷을 입고 외지를 서성일 때

희미한 향수는 아름다움과 슬픔을
감추어 버렸고

오늘 걸으며 오래 참았던
눈물을 말리며 위로의 꽃으로

화관을 씌운다

나를 버릴 수 없는 길목에 서서

12월에는

사랑하는 사람이 떠나가려 합니다
눈길조차 닿지 못한 채

어느새 산바람 되어
차가운 눈보라조차 멈출 수 없는 날
눈 속에 피어난 하얀 꽃처럼
사랑마저 잊은 채 떠나가려 합니다

흰 눈이 덮인
세월의 강 저편에서
못다 한 말 떠오르며
사랑했노라 가슴에 품은 채
내가 걸어온 발자국 사이로
아픔은 오래 맴도는 그리운 그림자

그대 떠난 후 텅 빈 달빛 아래
소복이 쌓인 눈망울로
아름다운 기억이
하나 둘 뚝뚝 떨어져

그 흔한 약속도 없이 사그라지는
허무한 헤어짐이지만
무대가 저물기 전
아련한 틈 사이로 멀어지는

그대 향기를
내 가슴 속에
더욱 깊이 사랑하려 합니다

아직도 어두운 밤
— 서울 데모하는 모습을 보며

낡은 침묵 이념의 언덕 위
한 가운데, 녹슬어 부서지는 궤도

바람에 흔들리는 풀잎
좁혀지지 않는 간극

결코 닿지 못할 평행선처럼
밤의 고요를 집어삼킨 거리의 함성
무정부 상태가 된 아스팔트, 혼돈 속으로

세상 어둠 짙어질수록, 꺼지지 않는
가장 견고한 희망의 불빛으로
함께 걸어온 민중의 발자취

수없이 밟혀도,
잡초처럼 다시 솟아난
민주주의, 아이올로스 바람타고
따뜻한 봄날은 오겠지

병든 역사 앞에 토해낸
피맺힌 외침

여명의 숨결 품은 이 밤

분말처럼 스미는 하얀 진리여
번뇌하는 이 마음 덮으소서

봄 날

밀당을 해 본다
누군가에겐 오늘이
기쁨이자 아픔인 하루

오늘이 소리 내어 흐르고
날개를 부딪치며 솟아오르는
독수리처럼 낚아채는 세월

따사로운 햇살이
품안으로 첨벙, 파도처럼 들어와
한순간 마음을 흔든다

되돌이표는 없는 건가요

빈 조개껍질처럼
아무러지지 않는 둥지
모래알 하나하나
버리듯 사라지는 것들

등을 돌아볼 수 없고
멈춤 없이 앞만 보며

거침없이 올라가는 연어처럼

상처가 많은 봄 날
하얀 벚꽃으로 온 세상을 덮는
이불보가 되고 싶은 인생이어라

삶이

닦아도 지워지지 않는 세월 속
거울을 마주본다

잊은 나의 청춘이 부표가 되어
세상 물결에 묵직한 바리톤 되어
떠밀려간다

채워지지 않는 공간
동굴 햇살 물들인 나비가
화려한 테너 되어 스쳐가고

꽃 같던 시절도
가시덤불 같던 날도
바람에 띄워 보내는
절망과 희망의 교차로

아무리 둘러보아도
아무리 불러보아도
대답이 없는 메아리처럼
망각의 물결에 떠밀려
남루한 숙명의

사슬이 된 모습인데

삶이란
텃새가 되고픈 내일을
품고 진심은 거짓의 옷을 입었다

가장 귀한 그 이름

언제나 변함없으신 분
불러봅니다, 주님

기쁠 때나 슬플 때나
폭풍이 몰아쳐도
든든한 버팀목이 되어주시는
가장 먼저 떠오르는 이름

계절마다 아름다운 옷 입히시는
찬란한 손길

세상 어떤 말로도 대신 할 수 없는
그 안에서 꿈을 그리네
곱게 꽃향기 되어
영원히 내 편이신 이름

내 머리에 흰 눈이 내린 초로의 나
반포보은이라 했던가
받은 만큼 되돌려 줄 순 없지만
그 무한한 사랑이 아니었다면
이런 과분한 시절이 있었을까

함박꽃처럼 웃으시며
무량의 시간 동안
언제나 내 곁에 계실
가장 귀한 그 이름, 주님

그래 그림

창문으로 내다본 하늘
어느새 작은 음악회가 열렸다

담벼락 사이로 꽃이 날아와
하얀 파도가 일렁이는 순간

따뜻한 봄소식을 전하는
봄 까치꽃 보랏빛 냄새
고요한 푸른 날은 춤을 추며 들어오고

멀리 노오란 산수유로 둘러싼 들판
지저귀는 참새는 아침을 퍼올린다

철길 따라 움직이는 벚꽃 향기가
검은 머리 결 호수에 비친 산
그림자로 찰랑거리고

프라고나르 그네를 타는 행복한 여인
하늘을 날으는 천상의 꿈을 꾼다

그래, 그럼
봄 까치꽃 향기 되고
노오란 산수유 되어 보자

철길 따라 향기 전해주는
봄의 전령사가 되는
천상의 여인으로
사는 것도 괜찮겠지,

아중 호수

기린토월麒麟吐月
달이 솟아, 그 월광月光
호수의 영혼이 되었을까

하늘이 결 고운 빛으로
은밀히 내려 호수는 은빛 윤슬

잠을 청하는 청둥오리 떼
적막을 띄워 놓고
꿈결을 잠행 하는데
밤은 오히려 불면인 채
꿈결로 달의 그림자를 띄운 거야

휘휘 둘러보면
묵향 가득한 붓꽃들
이슬빚어 계시록 내려 받고 있을레라

중 바위가 끄덕끄덕
홍진紅塵의 세상을 다스리고
한 폭 수묵화가 여기에 갸울갸울

푸른 호수의 내밀한
붉은 마음, 내일의 태양도 품어라
바람은 아직 멈춰두고
잔잔히 잔잔히 침묵의 나라
인간의 온갖 사유思惟도
여기 잠시 침잠하는
가슴 넓은 크나한 호수 한 채

비틀거리는 신작로

비틀거리는 신작로
머리카락 풀어 헤친
포플러를 껴안고
한바탕 씨름하듯 휘청인다

한 잔 술에 구름 삼키고
두 잔 술에 바람과 속삭이며
허공을 휘젓는 독백

세상 한 짐을 이고
고독과 외로움을 뱉어낸
쭉정이 되어
윗저고리와 신발을 벗어 던진 채
도라지 밭고랑에 벌러덩 누워

흩뿌려진 여우비속에
켜켜이 쌓인
세월의 무게만큼
가느다란 실눈에
보랏빛 눈물 고이고

살아온 흔적을 지운 채
묵은 짐 하나 풀어
대포집 구석에서
진한 사색 한 잔 마셔본다

벚꽃, 넌

삼신 할매가 점지해준 날
동네잔치 벌어졌지, 기쁨 만발하게

배가 남산 만하게 불룩
산통이 시작 되었던 때

반딧불 같이 반짝이는 노오란 개나리
옥수수 튀밥처럼 통통 튀는 싸리 꽃
힘내라며 산고 치르는 동안
위로하는 새하얀 눈 꽃송이 손 흔든다

고통스런 산통의 시간 동안
박제된 것처럼 꿈쩍도 못한 너

따뜻한 남풍이 살며시 다가와
너의 몸을 흔들고 갈 때

날빛에 비친 네 모습
하늘이 품은 천사이여라,
환한 함박 웃음

피고 지는 시간

하루만 사는 하루살이가 있다

사나흘 피었다 지는 꽃도 있고
칠 년 땅속에 머물며
일주일 노래하는 매미도 있다

짧게는 몇 주
길어야 석 달 나는 새도 있고
열 달 품 안에 머물다
팔구십 해를 살아가는 우리

하루, 사나흘, 일주일, 석 달
그리고 그 긴 시간 속에
희미한 숨결로 피고 지는

슬픔과 기쁨의 무늬들이 있다

만리포 해변

그대 사랑만큼 뜨거웠던
사십오 년 전, 그 여름 해변

이름조차 낯설던 만리포에
모래사장도
드넓은 바다도

별이 유난히 빛나던 밤하늘도
그대로인데

그대는 어디로 가고
나는 왜 홀로 걷고 있는가

그 먼 길은 편안 했는가
지금, 그곳은 따뜻한가

썰물은 빠졌다가
다시 밀물 되어 오련만

그대 목소리 유성음 무성음 되어
살아 있는 숨결이 침묵으로 다가와

소라껍데기를 타고 밀려온다

아직도 나를 부르는 것처럼

밤에게 속삭이다가

당신이 내 뒤에 있을 때
나는 자꾸 뒤돌아봅니다

그림자인 줄 알았는데
당신이더군요

당신이 내 손을 놓으면
어디로 멀어질까 봐
사라질까 봐
나는 나를 붙잡습니다

햇살 속을 걸을 때
스치듯 다가오는 온기가
내 발끝까지 흘러옵니다

진흙 속에서도 꺾이지 않는
연뿌리처럼 보이지 않아도
나를 붙들어준 당신

한 걸음 앞서 걷는 그 뒤를 따라
난 그림자처럼
당신을 따라 가렵니다

제4부

시간의 강을 건너

제비꽃

난
내가 세상에서
제일 예쁜 꽃 인줄 알았어
한 번도
불만을 가져본 적 없었거든

천사의 나팔꽃이 아니었단 걸
그땐 몰랐어
그래도 난 괜찮아
햇빛에 비치면
그 누구보다 눈부시니까

며칠이고 찾아 봤어
내 눈부신 얼굴을
꽃잎 하나 뚝 떨어져
나비가 되어 봄을 그리는
푸른 숲을 날았지만
그 얼굴을 붙잡을 수 없었어

날아가는 나를
사랑이라는 이름으로

가둬 버리고 싶었거든
다시는 되돌릴 수 없게

난 내가, 세상에서
봄을 그리는
가장 반짝 반짝 빛나는
작은 천사라고 생각해

너를 놓는 연습

기다림 없이
뒤도 돌아보지 않고 떠날 때
젖은 나뭇가지 사이로 스며드는 비
그것은 너였을까

비속을 튕기며 올라오는 흙 내음이
너였음을 알았고

창밖에 서 있던
너의 흐릿한 그림자가
스쳐 지나 갈 때
너를 사랑했었다고

눈에 보이는 것보다
더욱 깊이 사랑했고
결국 사라지는 것들을
잊지 못 하는 나

어쩌면 이것이
사랑의 끝인가를 생각 했어

그래,
오늘 감정을 쓸어 담아
너와 이별 연습을 해보는 거야
너를 놓아 주기 위해서

풍금 소리

그리움 묻어 두었던 소리
가슴 뭉클한 추억의 흔적이
냇물 따라 흐르고

선생님 손끝에서
퍼져 나오는 풍금소리
해 저문 저녁 느티나무에 걸쳐
푸르름을 젖게 하네

머리엔 희끗희끗 흰 눈 내려앉고
작은 동산 나무 보다
더 깊게 패인 이마 주름

바람마저 멈춘 듯 고요한 오후
햇살만이 건반 위를 조용히 어루만질 때

활동사진 넘기듯 바람결에
잔잔한 오선위에 내려 앉아
시간의 강 건너 다시 들려오는
짙은 추억의 그리움

기억 속 편지

네가 나를 선택 했던 순간
난, 돌을볕

천상을 감고 달리는 넌 정렬
슬픔과 괴로움을 뿌리며 달리는
넌, 애련

긴 하품 속에 세월의 가면이
연기가 되어 쏟아져 나온다

향수가 세월보다 무거워
번개처럼 빠르게 눈가에 걸치고
깊어진 주름을 퍼스널컬러로 씻기우며

넌 어디에도 없던 바람
도망가려는 너를
멈춰,
해 저문 전봇대 위에 걸쳐 놓았다

느려도 괜찮아

느려도 괜찮아
짙은 커피 내음이 감도는
공간 안으로 천천히 들어간다

옅은 바람이 전하는
햇살의 결 차곡차곡 쌓여
물방울이 익을 때까지
소리에 귀 기울이면

숨은 에너지가 퍼져 나와
조용히 나를 돌아보게 한다

단단함이 나를 감싸지만
큰 나무가 그늘을 내어주듯

진한 커피 향이 대신 전해준다
기다림 속에서 피어나는
향기로운 삶을 살아가라고

상사화

네가 보고 싶어 밤새 달려 왔는데
흐르는 푸른 입술 집어 던진
붉은 심장, 너

손끝에 핀 네 숨결
달 물결에 흔들리는
너를 못 잊어 순례하듯 맴돈다

멈출 수 없는 애처로움
엇갈린 운명 속
미리내로 건너갈까, 애달픈 지성소에

기다림이 하늘 눈물 되어
영혼까지 사랑 한다고
붉게 붉게 돋아나는, 너

화향천리 영원히 기억될 바람 되어
너를 향한 마음
청사초롱 밝히며 맞이하러 가리

시를 쓴 다지

시를 쓴다면서
먼 산을 멀뚱히 바라보다가
하늘 위에 몇 자
구름자락으로 흘리어보고

흐르는 시냇물에 발 담그고
구름 꽃잎 하나 입에 물고
물 밑을 가만히 보아
송사리가 속살대는 것이 시라지

떠가는 낮달을 향해
소식 전하라는 손이기도 하고

반딧불 붙잡아 불 밝히며
깊은 심연에서
시를 끌어내기도 하지

몇 굽이 넘어왔을까
굽이굽이 돌아서
마침내 내게로 다가온, 시
미래는 영원한 내 시의 광장

호수

큰솥에 누가 불을 지폈나
김이 모락모락 밤새 피어오른다

누굴까
빨간 비단잉어일까
긴 장어의 장작 불꽃일까

차가운 물결 속으로
온기가 스며들고 퍼져 나간다

우리가 사는 세상도
한두 사람의 베풂이
작은 파문이 되어
차가운 곳마다 따스함을 전하듯

호수라는 큰 솥에서
피어오른 안개는
세상 만물을 따스히 덮는다

불꽃 언어

세찬 바람 속에서도 꼿꼿한 정절
가냘픈 너는 만고의 빛

하얀 모시옷을 입고
붉은 손수건을 흔들면서 속살거린 너
두 볼에 흐른 눈물이
세상을 밝히는 빛이 되었다

어둠 속에서
들리는 한 줄기 소리는
빛으로 승화되어
가장 낮은 곳을 비추었고

바람에 꺼질 듯 흔들리면서도
끝끝내 타오르는 넌
입을 굳게 다문 채
견뎌온 옛 선조들의 눈물처럼

다시 떠오르는 태양 되어
희망을 품고 있었다

푸른 기억

너에게 가기 전
가느다란 눈물이
한 줄기 길이 되어 흐른다

거울처럼 나를 비추던
너의 얼굴이
이별인 줄도 모르고
천천히 흐려진다

이른 아침 햇살에 반짝이던
이슬처럼
푸른 기억들이
몸부림치며 날아가고

내 사랑은 작은 동전 되어
연한 바람에 실려
너에게 굴러간다

그늘 아래 피는 것들

바람이 밀어냅니다
버티려 해도 소용없습니다
그림자마저 내게서 달아납니다

고목이 된 지금
한 송이 들꽃으로 피어나
고향 산천으로 돌아가고 싶습니다

고향 산천 따라 흐르는 시냇가에
살고 싶습니다

밤하늘에 반짝이는 별처럼
흐르는 은하수처럼도 되고 싶습니다

그러나 그곳엔
나를 위한 계절이 없었습니다

세월과 난 따로 산 것처럼

고향

금방 생각났다
사리지는 풍경
지우고 싶지 않다

아니야 아니야
날마다 생각이나,

그리워, 끙끙대며
날 밤 새는 날 많았지

지금 이곳 타향에서
어떻게 살까 했는데

타향도 정이 드니
고향이 되었어

아름다운 동거

어제,
오늘,
내일이
함께 동거하고 있다

어제는 발걸음의 먼지
오늘은 일어나는 빛
내일은 피어나는 생명

세차게 때리는
유리창에 빗방울이
매달리려 울부짖는다

흘러내리는 과거의 흔적을
창호지에 새기기 위해

나는 그들 틈에 끼어
햇빛에 그을림 없이
오늘도 새하얗게 피어오르고

지난 흔적을 털며
빛을 따라 피어나는 생명에
나를 맡긴다

갈대의 고백

비가
서서히 내게로 걸어와
조용히 스며든다

나처럼 흔들림
여기일까 저기일까
방황하는 마음을 끌어안는다

머리를 질끈 동여매고
비에 씻겨 나가는 걸
아쉬워 움켜쥔다

허망한 욕망에 이끌려
이곳저곳 돌고 돌아
턱 밑까지 차오른 숨 참으며
빠른 길만을 찾아 헤맬 때

한 걸음 내디디며
한 자, 한 획
내면에 새겨두고서

이제야 알았다
빨리 핀 꽃은
오래가지 못한다는 것을

기다림으로 심고
침묵으로 키우며
한 글자, 한 마음
내 안의 계절을 조용히 새긴다

조약돌이 된 우리

몇 십 년 만에 다시 앉은 책상
고목이 된 그루터기 위에
행운의 꽃이 피어난다

초롱초롱한 눈동자
배움에는 나이도, 성별도 없고
물아일체의 경지에 든 듯하다

초로의 문턱에서
단단히 빛나는
조약돌 같은 벗들을 만나
하얀 꿈을 꾸며
기적의 날개를 펼친다

이제는 낡은 것이 표백되어
배움의 그물에 포근히 걸려
세월의 강 건너며
우리는 잘 다듬어진
작고 단단한 빛이 되었다

제5부

/

흔들리는 등불

흔들리는 등불

온기 속 스며든 쓸쓸한 날
추적추적 내리는 비
묵은 흙냄새가 코끝을 스치고
이상향은 사라져
술 취한 듯 비틀 거린다

굽은 나무 아래 짓눌려
몸부림치다
거센 바람에 떠밀려
흙먼지처럼 사라지고 싶었다

세월 흔적의 책임감
한 뼘의 땅이라도 품으려
황량한 벌판을 지나

흔들리는 시간 속에
등불 하나
내안의 굽은 나무를
조용히 떠나 보내리

시간이 뿌린 꽃

시간이 뿌린 꽃으로
되돌릴 수 있나요

어버이는 꽃을 뿌려주며
꽃길을 가라하고

지아비는 사랑을 건네며
구름 위를 걸어가라 하네

마른 길, 진흙길을
번갈아 걷는 천로역정 통로

마중 나오는
바람결 따라

흩날리는 꽃잎 되어
길동무 되어
흘러만 가는 시간 속
지친 마음 어루만지네

무한경쟁 속으로

획—
부시시 일어난 머리카락
알람 소리에 휘청이며
출근해야지
아침 햇살이 재촉 한다

출근길
옷을 챙겨 입고
버스에 올라
창밖을 응시 한다

숨 막히는 아침
무장 해제된 머리카락은
촘촘히 쌓인
사과 궤짝 같은 빌딩 앞에서
한참을 망설인다

안개 속
가로등마저 조롱하는
축축한 골목길

봉황이 된 줄 알았던
젊은 시절의 나
반짝이던 빌딩 숲과
하얀 와이셔츠를 꿈꾸었지만
빛은 사라지고
무한경쟁 속에서

흩어진 마음을 다잡으며
무채색 일상으로 돌아온다

물위에 그려진 전선

하늘 위,
거문고 줄을 세차게 튕긴다

산이 숨을 쉬고
하늘은 파란 멍이 들고
건물은 바람에 흔들린다

빗방울은 조용히 흘러내려
물속 풍경을 흔든다

그 순간, 그려진 레이스 위에
붕어는 날개처럼 튀어 오르고
물방개는 물살 위를 달린다

미꾸라지는 통로를 가르며
해오라기는 휘파람을 분다

허수아비도 한 몫을 하고
참새의 피날레 계주 장식
시선이 하늘 위에서 펄럭인다

매미에게 묻는다

캄캄한 씨앗을 품에 안고
햇살을 보기 위해
어둠속에 웅크린 채 칠년
검은 숨결을 내뱉는 세월

칠 일 동안
슬피 애도하는 너에게 묻는다

메마른 공기를 가르는 울음은
칠 년의 어둠을 씻어내는
정화의 소리인가
덧없는 생의 마지막 비명인가

그 짧은 순간을 위해
그리도 긴 세월을 견딘 까닭을
여름 끝자락에서
너에게 다시 묻는다

생이,
정말 그것뿐이었느냐고

기적

그저
깃발 하나일 뿐인데
건너편에서 흔드는
또 하나의 태극기를 보면
가슴이 먹먹해진다

한 동포 한 핏줄이거늘
가느다란 선 하나 사이로
다른 이념이 깃발이
허공에 펄럭일 때

반 만년 역사 속에
묻힌 선인들의
피 맺친 절규가 들려온다

백의민족
건 곤 감 리에 새겨진
파란 물결 붉은 눈물
조용히 감추고

고운 한복 차림새
머리엔 붉은 고깔을 쓰고
푸른 빛을 발끝에 신고
외줄 위에서 우아하게 춤을 춘다

하얀 바람이 일어
거리가 축제로 물드는 그날을
기다리며
푸른 숨결 하나
가슴 깊이 담아본다

세상은 말이야

색깔이 달라도
소리 높이지 마
다르면 또 뭐가 문제인데

함께 따라 흘러가면 그뿐인걸
저마다 잘났다고 고함치다
깊은 웅덩이에 빠진 우리

조심스레 손끝을 내밀어 본다

어제는 번쩍였던 벼락부자
오늘은 바람처럼 스러진
알거지가 되다니

차가운 머리 앞세운 이들 가슴엔
텅 빈 겨울밤, 별 하나뿐이고

뜨거운 가슴을 안은 이들은
우주를 품고 노래하네

붉은 장미

꼬물꼬물 나 여기 있어,
봄 햇살 아래 수줍음 머금고
자벌레가 된 걸까

파릇한 기운 부풀어 오르자
나풀거리며 바람을 불러 들여
발화를 시작 한다

청춘의 시대가 막 열린 듯
봉긋하게 피어나는 꽃 방울

숨결 훔치듯 다가온
벌과 나비의 떨리는 고백
달콤한 향기로 세상 가득 채우네

붉디붉은 네 모습
불꽃처럼 타올라
영원히 시들지 않는, 너

그 해의 버릇

멈춰, 게 섯거라
똑바로 걸어라
바르게 살아라
하시던 선인의 말씀

나는 정말
똑바로 걷고 싶었다
바르게 서고 싶었다

그러나
몸에 밴 버릇이
화근 이었을까

남의 집을
제 집인 양 주인 행세하며
서른다섯 해를
마음껏 휘두르며 살아온 세월

오르려면 끌어당기고
끌어올린 뒤엔 밀쳐내며
바람을 권력 삼아

꽃을 피웠다

그 버릇
개도 못 준다는데

씹고 삼킨 죄의식이
속을 긁다 못해
불씨처럼 남아
틈만 나면 고개를 쳐든다

고목

세찬 비바람에 꺾여도
시린 눈보라에 휘청여도
언제까지나 푸를 줄 알았다

오랜 세월 흐르도록
온몸이 아픈 줄도 모르고
힘껏 가지를 펼쳤다

어느덧,
단풍이 든 나를 볼 때면
서러워 하늘이 먼저 운다

옹이 하나 오래 박힌 채
나무껍질은 부풀어 올라
늙은 관절처럼
아직도 아픔을 기억하지만

아픔에 지친 나그네
잠시 내 그늘 아래 쉬어간다면
이 생도 헛되지 않으리

종소리

아직 어둠이 채 걷히지 않은
어린 날의 새벽 공기 속에
조용히 울려 퍼지던 종소리

하얀 조팝나무 꽃처럼
숨결 따라 출렁이고
내 마음 깊은 곳을 흔들었다

안개 속마음에도
소용돌이치는 가슴에도
능선을 타고 번지던 그 울림

바람에 실려온 그리움
저마다의 가슴에 내려앉아
사그랑, 사그랑 떨렸다

지금은
희미한 기억 속에 묻힌 종소리
빈 기둥 곁에
쓸쓸한 발자국만 남아 있다

담배 한 개비

전화벨이 울리고 있다
자욱한 연기가 방 안을 맴돈다

깊은 밤,
재떨이 위에 스러진 고뇌
새벽 바람에 얹혀
어디론가 흘러간다

남은 것은
텅 빈 방과 적막뿐

따뜻한 사람이 그리워
코트 깃을 세우고
입에 다시 물어본다,
담배 한 개비를

손가락 사이로 빠져나간
그리움이
날개를 펴고
말하지 못한 마음 다 태우고
창공으로 도망간다

눈물 편지

꽃바람 되어 날아와

보고 싶답니다
사랑한답니다

그러나 살아야 했기에
떨어져 지냈습니다

편지 속, 그이 눈이 선합니다
금방이라도 눈물이 편지 위에
흘려젖어 오는 것 같습니다

기다림에 지쳐 먼 노을 위
바람에게 속삭인답니다
기다려 달라고

다시금,
빛 바랜 편지를
띄워 보냅니다
영원히, 사랑한다고

밤 서리 꿀맛이었네

달 밝은 밤
두더지가 되었네
변장술을 하며
소쩍새 우는 소리에 맞춰
살금살금 고양이가 되었지

불그스레한 속살을
가슴에 안으면
사랑스런 얼굴이
가슴에 쏙 들어오네

붉은 화마에 몸을 맡기며
검게 그을린 껍질 아래
달콤한 하얀 속살 들어낸
고구마

김이 모락모락 연기 되어
바람결에
홀씨 되어 날아가듯
굴뚝속으로 스르르
사라지는 붉은 얼굴

고개위에서 바라본 고개

구불구불한 고개
넘어 가는 길

주름 하나 접고
한숨 하나 묻어
잠시 누워 본다

웃음 몇 알 굴리고
청춘의 그림자 안은 채
완행열차는 달린다

내릴 곳은 아직
멀지 않은듯 하지만
창밖 풍경은 희미하고

허무와 서글픔까지
구불구불 고개를 넘어
천천히 달리고 있다

고개위에서 바라보는 고개
정상까지는 아직도 멀다

아직 난

장미, 넌
가까이 다가서면
푸른 잎부터 내미는구나

입속에서 돋는 말
얼마나 사무쳤으면
붉은 꽃으로 피었을까

미안해
널 아름다움에 빗대야 하는데
아픈 가슴에 견주어서

친구는 아름답건만
그 말에 돋친 가시가
이리 콕콕 찌르는 구나

내 마음도 너처럼
너무 아파서
붉게 물들어 버렸어
너무 아파서

용서와 화해의 마음은
안개꽃처럼 하얄까

하지만 난
새하얀 마음 되고 싶지 않아
아직도 가시가 박혀서
피가 흐르니까

거리 위를 달리는 하루

아침이다
시동을 걸 듯 눈을 뜬다
창밖엔 수많은 자동차들이
하루를 달리러 나선다

붉은 신호에 멈춰 선다
잠시 멈추는 이 순간
문신 같이 눌러 붙은 초조함을 떼어
어쩌면 숨을 고르는 가장 좋은 시간

파란 불이 켜지면
무엇을 위해 가는지도 모르면서
다시 앞으로 정신없이 어딘론가
바삐 가야 하는 삶

넌 모든 것을 묻어 버리고
기억 저편에서
아무 일 없다는 듯 사라지는 매연

옆 차선의 얼굴들
창문 넘어 스친 눈빛들

모두 각자의 목적지를 향해
조금씩 빠져 나간다

저녁 무렵
헤드라이트가 어둠을 밀어내듯
지친 하루를 밝히며
다시 집으로 돌아가는 길

달리고 멈추는
거리 위 자동차처럼
우리는
그렇게 앞만 보고 달려간다
멈출 수 없는 또 하루를 향해

윤동주 시인에게 바치는 노래

불러봅니다
어두운 시대를 밝히던
당신의 이름을

안아 봅니다
별 하나에 사랑을 담던
책 속의 그 마음을

느껴봅니다
흐린 잉크로 눌러 쓴
그리운 시 한 구절을

그리고 사랑합니다
세월을 지나 스며든
당신의 향기를

평설

맑고 청아한 소녀적 정서의 서정시

— 송경숙 시인의 시는 깊은 사유思惟를 품은 주지적 서정시이다

소 재 호

시인, 문학평론가

문학에서 표현 방법으로서의 상징에 대하여 고찰해 볼 일이다. 대체로 상징은 자기 아닌 다른 것을 표현하는 어떤 것, 어떤 유추적인 상호관계의 힘을 빌려서 자기 아닌 다른 것을 표현하는 것, 어떤 유추나 유사 관계를 통해서 정신적인 것을 드러나게 하는 감각적인 표현 방법, 겉으로 드러난 것이 교합 관계의 힘을 빌려서 그 이상의 어떤 것, 또는 그 밖의 어떤 것을 의미하는 일종의 표현 방법 등으로 정의를 내릴 수 있다. 상징이란 그것의 형식으로서의 기호, 기표, 구제적인 것, 피상적인 것, 즉 상징하는 것이 어떤 필연적인 유추 관계나 상호교합 관계의 힘을 빌려서 그것의 내용으로서의 의미, 기의, 추상적인 것, 본질적인 것, 즉 상징되는 것을 환기시키고 표현해 내는 문학적, 수사학적 비유라 하겠다.

이때 상징은 항상 기호, 즉 보조 개념으로서의 존재 구조와 의미, 즉 원개념으로서의 본질 구조 등 이중적인 양가兩價체계로

되어 있으며 특별한 기능 속에서 기호적 존재로서의 상징 형식은 늘 의미적 본질로서의 상징 내용을 간직하고 있다. 그 특별한 기능이란 상징 형식과 상징 내용 간의 상호관계가 지시적이거나 일의적一義的인 것, 또는 암시적이거나 다의적인 것으로 이루어져 있음을 뜻한다. 그러므로 상징은 항상 애매성이나 모호성을 모면할 길이 없다.

송경숙 시인의 시 편편에서 파상적인 것, 즉 상징하는 것이 어떤 필연적 유추 관계나 상호 교합 관계의 힘을 빌려 내용으로서의 의미, 기의, 추상적인 것, 본질적인 것을 환기시키고 표현해내는 문학적, 수사학적 비유법을 능히 잘 구사하고 있는 것이다. 그의 시 「낡은 지게」를 음미해 보면 저러한 현상들이 현현되고 있음을 확연히 알 수 있다. '낡은 지게'는 '늙은 아버지'에 교합된다. 둘의 관계는 유추의 단계를 건너 상징화된다. 늙은 아버지는 전 시대의 인물이며 삶 자체가 구시대적일뿐더러 일차산업의 맨 앞장에 서서 노동의 생애를 살아온 것이다. 그러나 기억속의 인물이다. 그 노동의 작업 수단이었던 지게는 구시대의 유물로서 아버지를 대신하는, 아버지의 삶(관념적이든 추상적이든)을 형상화시킨 상징물로서 현상적 존재로 확연히 인식된다. '낡았다'는 말은 많은 의미를 다의적으로 함축한다. 오랜 세월을 지내왔다거나, 많은 과업을 수행했다거나, 오랜 역사役事를 증거하는 유물이라는 등 소위 상징의 다의성多義性에 부합한 시적 질료인셈이다. 말하자면 아버지의 지난한 삶을 증표하기도 한 것이다.

'녹슨 세월'은 양자의 교합에 상호 접맥시키는 중요한 매개 개

넘이다. 양자는 과거에 존재했던, 그러나 하나는 현존 되는 물상으로, 하나는 가물거리는 기억으로 존재하나, 양자는 동일시 되고 합일되며 각각 이끄는 이미지는 융합을 도모한다. 지게는 현상으로 남아있는 물상이지만 표상하는 관념은 아버지의 일이 며, 노동이며 삶 자체이다. 관념과 형상은 하나됨의 합일을 거친다. 아버지의 모든 상(이미지)은 지게로 표징되며 형상화를 거쳐 상징화 단계에 다다른다. 시는 판타지의 표상이거나 과거의 경험을 실존적으로 오버랩시키는 상상적 유추이다. 이는 다시 '실감의 보수'란 화법으로 다시 표현할 수가 있다. 아버지의 지난 삶은 낡은 지게로 형상화되어 아이러니한 논법으로 '눈부신 설움'이 된 것이다. 송경숙 시인은 이처럼 시적 변용으로 깊은 사유思惟와 인생철학을 형상화시키고 상징화시키는 탁월한 재능을 가진 시인인 것이다.

송경숙 시인의 시는 대체로 서정시의 모습을 갖추며 감성의 형상화, 관념과 의미의 형상화, 이미지의 형상화를 거치는 상징시를 구조하고 있다. 감성의 대량 방출은 절제하며, 가만히 그리움이나 서글픔 정도의 정조로 시의 맥을 이끈다. 시를 공부한 기간이 매우 짧으면서도 각고면려刻苦勉勵하며 수준 높은 시를 창작해 내는 보기 드문 재사才士이다. 아마 중년에 이르렀을까? 인생 경영을 할 만큼은 했으리라고 짐작되는 그런 알찬 경륜이 시속에서 읽힌다. 아버지는 오래전에 돌아가시고 시인 스스로가 허무의 정서를 만지작거리는 걸 보면 인생의 쓰고 단맛을 다 경험했으리라고 금방 추측된다. 그러하니 시의 세계를 건설하기 위한 실감의 누적은 풍부하고, 일상으로부터 연상되고 상상되는 판타지(환상)의 어름에 이르기는 어렵지 않으리라는 유추도 퍽 가능해진다. 소설은 픽션이며 시는 판타지라는 일설의 주장에 매우 접근하는 논법이다.

작가는 삼라만상森羅萬象의 의미를 오독悟讀하는 중이라는 사실이 확연해진다. 더 일찍 젊어서 시를 공부해 왔더라면 큰 성취가 있었을 것이라는 짐작도 제기되는 재질이다. 그러나 송 시인은 늦었으나 이미 빠르게 정진하는 행보를 취한다. 근면하고 성실하며 주위의 부러움을 사는 시인이다.

이제 시 몇 편을 음미해 본다.

한 떨기 덩굴 식물
험난한 시공時空을 건너가는
아프게 몸 비틀기

은핫물 고이던 밤을 지나
고요와 적막이 막 여명을 틀 때
저 무성의 떼창
참았던 한꺼번의 울음일레라

아니, 하늘 향하는
일제히 함성일레라
시대의 담장을 넘고, 죽은 고목도

더듬어 올라

모든 난관을 극복 하였네

어둠을 뚫고, 그대 장엄한 진군進軍

고난의 몸짓은 허공에 스러지지만

천 리를 번져가는

소리의 빛깔, 황금빛 소란

이웃을 불러 모을 때마다

골목골목 어린이 합창대도 좋고

한나절 동네 아낙네 수다도 좋고

사람 사는 목소리

황금빛 여울, 여기에 번지나니

　　　　　　　　　　　　– 「능소화」 전문

　'능소화'는 민족의 고난을 앞장서서 타개해가는 현인賢人에 비
유된다. 스스로는 '아프게 몸 비틀어' 민둥의 고통을 대신하는
형상으로 직핍直逼한다. 골고다 언덕을 오르는 예수의 이미지가
교합된다. 스스로는 '고난의 몸짓', '허공에 스러지지만' 번져 나
오는 '소리의 빛깔은 황금빛 소란'이라 하였다. 생동하며 환생하
며 미래로 정진하는 사람들의 목소리란 의미를 함축한다. '능소
화'는 계시적 목청이기도 하다. 무한 시공時空을 건너간다고 했
다. 시공은 초월한 신의 경지이다. '자아(능소화) → 소아小我 →

대아大我 → 몰아沒我 → [경이로운 세상 구현] → 무아無我'의 진화가 시의 생명성 진작을 꾀한다. 무척 성공한 시라고 보여진다. 공감각共感覺의 테크닉이 현모하게 구사된다. 적황색의 능소화 꽃을 '황금빛 소란'으로 비유시킨다든지 사람 사는 골목을 '황금빛 여울'로 분위기를 암유시키는 재주는 뛰어난 것이다. 한 편의 시가 시인의 혼신을 표상한다. 시인의 사상, 사유, 철학, 인생관이 뚜렷하게 깃발로 나부낀다.

그날
맑은 눈물이 땅에 떨어지고
짓밟히며 한 생을 곱게 지새운 뒤
은빛 날개로 갈아입고
작은 소망의 씨앗이 되어 날아가 본다

신음까지 잠재운 고요
이름 모를 철모 하나 뒹굴고
총성은 멎었으나

이념의 강은 아직 어둡다
곧 날이 밝아질까

기약 없이 가로 막힌 길
바람의 흔적마저 사라진 곳

덩굴나무처럼 기어 올라가

하늘가 날아가 보면

이념의 강가에 닿아

작은 소망의 여백이 채워질까

　　　　　　　　－「민들레 홀씨 되어」 전문

　민들레 홀씨는 고난의 지상 생활을 털어내고 솜씨의 씨앗으로
허공에 비상한다. 혹독한 현실을 초주한 엄청난 변신이다. '신음
까지 잠재운 고요/ 이름 모을 철모 하나 뒹굴고/ 총성은 멎었으
나'에서 보듯 민족 상쟁의 전쟁을 겪은 나약한 민초의 경험을 상
기시킨다. 그러니까 민들레 홀씨는 역사의 증인으로서 돌올突
兀한 존재이다. 한해살이 식물이 아니라 근현대를 겪어낸 역사
적 인물로 환치된다. 가로막는 강, 어둠, 환란… 모든 벽을 넘어
서 평화라는 이념의 강가에 닿을 것이란 민족사적 예언을 담지
하고 있는 것이다. 송경숙 시인은 여리게 소녀적 감성과 정서로
무장된 한국적 상징성의 여류시인이다. 그러나 저러한 시,「능소
화」를 포함해서 상당수의 시는 남향적男向的 대범한 성정을 표방
한다. 대륙적이고 웅변적 담론을 담아내는 시들로 말미암아 그
의 시는 활활 영활靈活한다.

　형상 없이 형용하는

　긴 밤을 건너온 영혼이랄까

　육신과 영혼의 간극

머물음과 소멸이 교차하는 지점에서
무슨 간절한 그리움 같은 것

이승을 한바탕 누리다 가는 여릿한 몸짓
온갖 바람이 멈춰선 헛소문의 광장에
너는 아직도 빛바랜 방황이야
흔적없는 흔적으로 까마득한 기억의 잔재
다 떨치지 못한 인연으로
안타까워라, 현실의 여명을 가로막는
너는 모순의 그림자

은밀하였어라
이루려다가 무너져버렸던
첫사랑의 달콤함 같은 것
온 밤을 지새워 서늘하게 떠도는
너는 천지에 미만瀰滿한 허망이어라

　　　　　　　　　　　　　　　—「안개」 전문

　안개는 존재와 비존재의 이미지를 동시에 여미는 그 자체로
아이러니한 존재이다. 또는 투명과 반투명의 형상이면서 오히
려 형상을 무너뜨리는 흩어짐의 이미지를 지닌다. 보이지 않음
으로 '영혼'으로 비유하기도 하고 어른거리는 자태로 보여지는
육신으로 비유시키기도 한다. 시의 형질을 애매함, 모호함으로

비유할 때 안개는 더욱 특별히 시적 형모라는 생각에 다름 아니다. 또한 침묵과 속삭임으로 부단히 허공에 흐르는 모순의 형상이다. 동양화에서 근경과 원경을 구분하기 위해 사이에 안개띠를 설치함을 본다. 좀 과장하면 이승과 저승, 생과 사, 과거와 현재를 한자리에 동승시키는 묘한 교합이다. 사실 애매모호함 속에 진리가 숨어 있기 마련이다. 확실하게 증거함은 오히려 허상이며, 소멸된 곳에서의 잔재가 인간에게는 시공을 초월한 진리로 오버랩되는 현상을 목도하게 된다. 애매모호함은 시를 관념시로 굳히게 되기 십상이다. '안개, 천지에 미만한 허망'이라는 결구가 결국 안개를 정의해버린 셈이다. 재미있는 언어희롱을 이 시에서 느낀다.

존재감도 없는
서럽게 태어난 자태
사랑도 관심도 없는 무관심
음소거 버튼처럼 오직 정적이네

억만 굽이 물결이 덮쳐 와도
앞만 보면서
세찬 파도에 할퀴고 헤어지고

찢겨진 청바지 같이 무릎 드러내고
제 몸 하나 건사도 못하는 자가

숙명이라 생각하며

자신의 몸을 다 내어준

감정의 무한 방출

바람도 하늘도 쉬어가라고

그루터기 빈 의자가 되어버린

무인도, 억만년의 고독

— 「무인도」 전문

'무인도'는 의인화된다. 인간의 감정이 이입移入되는 시의 근원적 기법을 본다. 무인도는 스스로 뜻하듯이 홀로 자연의 법칙을 지켜내는 신 앞에 독존자이다. 대칭, 대척의 자리에 '억만 굽이 물결', '어둠', 온갖 '수난' 등이 놓인다. 무인도는 의연한 자태로 인간의 올바른 신념을 지킨다. 스스로는 '찢겨진 청바지같이 무릎 드러내고' '할퀴고 헤어지며' 자신은 희생의 산물이다. '억만 년의 고독'이 '무인도'로 형상화됨을 표징 한다. 형상의 개념화로 역설적 수법이다. 무인도의 이미지를 잘 묘사하고 있는 시이다.

기린토월麒麟吐月

달이 솟아, 그 월광月光

호수의 영혼이 되었을까

하늘이 결 고운 빛으로
은밀히 내려 호수는 은빛 윤슬

잠을 청하는 청둥오리 떼
적막을 띄워 놓고
꿈결을 잠행 하는데
밤은 오히려 불면인 채
꿈결로 달의 그림자를 띄운 거야

휘휘 둘러보면
묵향 가득한 붓꽃들
이슬빚어 계시록 내려 받고 있을레라

중 바위가 끄덕끄덕
홍진紅塵의 세상을 다스리고
한 폭 수묵화가 여기에 갸울갸울

푸른 호수의 내밀한
붉은 마음, 내일의 태양도 품어라
바람은 아직 멈춰두고
잔잔히 잔잔히 침묵의 나라
인간의 온갖 사유思惟도
여기 잠시 침잠하는

가슴 넓은 크나한 호수 한 채

　　　—「아중 호수」 전문

'기린토월'은 완산 팔경에 드는, 풍광이 수려한 정경이다. 기린 봉은 전주의 명산으로 전설의 동물인 기린이 출몰한다는 영산인 것이다. 후백제의 왕궁터가 있고 전주 정신의 맥이 흐르는 산세로서 전주가 천 년의 고도가 되게 한 배경의 산이기도 하다. 기린봉이 만월을 토해낸다 하였으니 그대로 선경이 아니겠는가? 보름달이 기린봉 영산을 끌어다 아중호에 그림자 띄우니 더욱 영성의 기운이 창일한 것이다. 서경시의 심볼처럼 시의 구조나 체질 갖춤이 탁월하다. '자연은 제2의 사원'이라 했던 보들레르의 명언이 상기된다. 여기서는 그냥 자연이 아니라 이상적 선경의 이모저모를 잘 갖춘 신비의 풍경인 셈이다. 작중 화자는 물아일체物我一體적 노장사상에 묻힌다. '인간의 온갖 사유도 침잠해버린' 무념무상, 망아의 경지가 펼쳐진다. 이러한 풍경에 묵향이 등장하고 계시록 말씀이 하늘에서 강림하는 형국이니 참으로 신묘한 서경시의 전범典範인 것이다.

태풍에 버티지 못한 푸른 소나무

뿌리가 뽑히고 가지가 찢어져

땅바닥에 내동댕이쳐졌다

쓰러진 나무를 보면서

무심하게 나도 발끝으로 툭툭
멍에의 가지를 꺾었다

생명이 증발해 버린 해변의 오후
자아상실이 철썩거리는 해변
일으켜 세우는 이 없는 쓸쓸함

두 평 감옥에 갇힌 존재
광기를 잠재울 마법을 꿈꾸며
줄 인형처럼 명령에 움직이다
흡사 좀비가 되어
지하로 빨려 들어가고 있다

한 때는 푸른 소나무가 되어
광영을 바라보며 송화 가루를
날려 보냈던 시절도 있었지

누런 잎 벗겨진
등껍질 속에서도 스며 나온
송진의 끈끈함으로
새 움이 트기 시작한 자아가

상처 난 소나무에서

부드러운 웃음을 찾은

새 버팀목이 되어가고 있다

　　　　　　　—「바닷가에서」 전문

'바닷가'는 태풍에 버티지 못한 푸른 '소나무'의 배경이다. 소
나무는 죽어가고 있으며 그때 바다는 모든 환란의 대명사로 환
치되고 있다. 바다는 태풍을 동반하는, 말살의 운명을 운용하는
죽음의 사도인 셈이다. 소나무는 살아 천 년, 죽어 천 년이란 '한
민족 절조'를 상징하는 형상물이다. 이 시에서도 시적 자아는 독
특한 이미지로 떠오른다. 시 속에서 다양한 자아로 굴절하는 것
을 '페르소나'라 한다. 시적 자아는 상실되어 다시 환생하는 패
러독스를 여민다. '부드러운 웃음을 찾은/ 새 버팀목이 되어가고
있다'라는 결구에서 그렇다. 세한삼우 송죽매松竹梅는 우리 민족
성을 표상하는 절조를 상징한다. 한민족은 특별히 소나무를 사
랑한다. 아니 우러르고 신성시하며 신목神木으로 여긴다. 해변
에서 소나무가 넘어짐은 조선 반도가 해적에게 모든 것이 유린
당함을 암유하리라. 그러함에도 시적 자아는 다른 생명을 일으
켜 버팀목이 되려 한다. 영혼의 미래세를 암시한다. 스케일이
큰 시 발상이다.

내면에서 나온 사랑

흰 꽃이 물들어 박명같이

줄기 따라 맺히는

무명천 같은 운명

고이 접어둔 변색된 신문을 펴듯
삶을 펼쳐 보인다

갈 길이 두려웠지만
두 눈을 마주보며 가야 할 길

소중한 시간들을 함께 보내며
꺼져가는 촛불 다루듯이

새끼 입에 먹이를 주는 어미가
잃어버린 시간을 보이지 않는
전파처럼 아낌없이 보내는 신호들

그 신호를 믿으며
끈으로 이어온
모진 세월 침묵

같은 변주곡 안무에 맞춰
춤을 추는 꽃봉오리처럼 함께 걸어온 길

그 길이 칠십년 만에 보게 된

빛바랜 아버지 어머니

약혼 사진에 실린 삶이였다

—「말리꽃」 전문

이 시에서 말리꽃은 한창인 때의 꽃의 이미지이기보다는 쇠락하고, 고단한 과거를 가까스로 건너온 마른 운명의 틀상으로 비유된다. 윤택했던 과거의 삶은 퇴색해버리고 소멸의 운명을 눈앞에 둔, 어두운 운명의 그림자가 어른거린다. 과거가 퇴색한 음영으로 현재에 오버랩되는 현상을 잘 묘사하고 있다. '빛바랜 아버지 어머니/ 약혼 사진에 실린 삶이였다' 하였으니, 과거는 오늘의 자아의 시선 앞에 증발해버린 세월이요, 희미한 흑백 사진 한 장인 셈이다. 아버지는 돌아가신지 오래다. 약혼 사진은 과거의 더 과거인 채로 중년의 문턱을 막 넘는 자아 앞에서 형용할 수 없는 서글픔을 자아내게 한다. 말리꽃이 이렇게 파다한 연상을 자아내게 한 시인의 재능이 돋보인다.

낡은 침묵 이념의 언덕 위

한 가운데, 녹슬어 부서지는 궤도

바람에 흔들리는 풀잎

좁혀지지 않는 간극

결코 닿지 못할 평행선처럼

밤의 고요를 집어삼킨 거리의 함성
무정부 상태가 된 아스팔트, 혼돈 속으로

세상 어둠 짙어질수록, 꺼지지 않는
가장 견고한 희망의 불빛으로
함께 걸어온 민중의 발자취

수없이 밟혀도,
잡초처럼 다시 솟아난
민주주의, 아이올로스 바람타고
따뜻한 봄날은 오겠지

병든 역사 앞에 토해낸
피맺힌 외침
여명의 숨결 품은 이 밤

분말처럼 스미는 하얀 진리여
번뇌하는 이 마음 덮으소서
　　　　　　　　　　—「아직도 어두운 밤」 전문

　이 시는 변증법적 역사관을 지닌 시인의 웅변이다. '민주주의
는 피를 먹고 자란다'는 화두가 있듯이, 아스팔트 광장의 민주주
의를 생기 있게 묘사한다. 민주주의는 힘 약한 민중이고, 이 민

중은 풀잎이다. '수없이 밟혀도,/ 잡초처럼 다시 솟아난/ 민주주의, 아이올로스 바람타고/ 따뜻한 봄날은 오겠지// 쓰러지고 또 넘어져도 마침내 바람보다 먼저 일어난다는 의연한 '풀잎'을 노래한다. '병든 역사 앞에 토해낸/ 피맺힌 외침/ 여명의 숨결 품은 이 밤// 어느 한 구절도 서툴지 않는 시이다. 어떤 정치인도 호호쾌쾌하고 명정한 이 같은 웅변을 할 수 있을까? 이 시는 진정한 명시이다. 문득문득 묻어나는 관념과 이념을 시적 테크닉으로 잘도 포장하며 시적 결기를 유지한다.

아직 어둠이 채 걷히지 않은
어린 날의 새벽 공기 속에
조용히 울려 퍼지던 종소리

하얀 조팝나무 꽃처럼
숨결 따라 출렁이고
내 마음 깊은 곳을 흔들었다

안개 속마음에도
소용돌이치는 가슴에도
능선을 타고 번지던 그 울림

바람에 실려온 그리움
저마다의 가슴에 내려앉아

사그랑, 사그랑 떨렸다

지금은
희미한 기억 속에 묻힌 종소리
빈 기둥 곁에
쓸쓸한 발자국만 남아 있다
　　　　　　　　　—「종소리」전문

종소리는 소리이지만 침묵과 적막을 배경으로 한다. 소란스러울 때는 울지 않고 삼경 지나 새벽을 여는 찰나 천 년 묵은 쇠붙이가 심금을 우는 것이다. 종소리를 중년의 여인인 시적 자아가 듣는 게 아니라 유년의 소녀인 자아가 회상 시제로 기억하는 소리로 듣는 것이다. 종소리가, 어둔 밤을 깨우는 종소리가, 하얀 조팝나무꽃 숨결로 치환되고 있으니 이 얼마나 공감각적 교응妙應의 미학인가? 소리와 빛깔이 절묘하게 넘나든다. 종소리는 그리움의 파장이라고 고백한다. 종소리는 대개 종교적 예식의 수단으로서 울림으로 그런 이유로도 신비감을 자아낸다. 종소리는 인간의 영혼을 정화시킨다. 영적 울림이 있는 시이다.

송경숙 시인의 시는 맑고 깨끗한 소녀적 정서를 읊는 시풍이면서도, 인생철학을 교묘하게 내재시키는 시를 창작한다. 진리는 스스로 웅변이 된다 하였듯이, 그의 참진리를 운위함에 있어서는 시가 서늘한 논변이 된다. 시 속에서 진실은 카랑카랑 목소리를 낸다. 미래에는 그의 시 세계가 더욱 영롱하리라 기대된다.

송경숙 시집

시간의 강 위에 핀 꽃

초판 인쇄 | 2025년 9월 11일
초판 발행 | 2025년 9월 15일

지은이 송경숙
펴낸이 서정환
펴낸곳 신아출판사
주소 전북 전주시 완산구 공북1길 16
전화 063) 275-4000
팩스 063) 274-3131
E-mail sina321@hanmail.net
출판등록 제465-1984-000004호
인쇄·제본 신아출판사

ISBN 979-11-94595-80-9 (03810)

값 12,000원

Printed in KOREA